Hamethochts

Mair beuks in Scots available frae Evertype

Fey Case o Dr Jekyll an Mr Hyde, by Robert Louis Stevenson, tr. Sheena Blackhall, 2018.

The Winnerfu Warlock o Oz, by L. Frank Baum, tr. Sheena Blackhall, 2018.

Jean Eyre, by Charlotte Brontë, tr. Sheena Blackhall & Sheila Templeton, 2018.

Mou Her Name, Gabriel Rosenstock's *Uttering Her Name*, tr. John McDonald, 2018.

Ahlice's Aveenturs in Wunderlaant, *Alice* in Border Scots, tr. Cameron Halfpenny 2015

Alice's Mishanters in e Land o Farlies, *Alice* in Caithness Scots, tr. Catherine Byrne 2014

Alice's Adventirs in Wunnerlaun, *Alice* in Glaswegian Scots, tr. Thomas Clark, 2014

Ailice's Anters in Ferlielann, *Alice* in North-East Scots, tr. Derrick McClure, 2012

Alice's Adventirs in Wonderlaand, *Alice* in Shetland Scots, tr. Laureen Johnson, 2012

Ailice's Àventurs in Wunnerland, *Alice* in SE-Central Scots, tr. Sandy Fleemin, 2011

Ailis's Anterins i the Laun o Ferlies, *Alice* in Synthetic Scots, tr. Andrew McCallum, 2013

Alice's Carrànts in Wunnerlan, *Alice* in Ulster Scots, tr. Anne Morrison-Smyth, 2013

Alison's Jants in Ferlieland, *Alice* in West-Central Scots, tr. James Andrew Begg, 2014

Eachdraidh Ealasaid ann an Tìr na Iongantas, *Alice* in Gaelic, tr. Moray Watson, 2012

Hamethochts

Elaine Morton

evertype
2019

Set furth by/*Published by* Evertype, 19A Corso Street, Dundee, DD2 1DR, Scotland. www.evertype.com.

Poems erst furthset in *Lallans*: "Cowp the Cobles" (*L.* 62), "Deid Sang" (*L.* 55), "Easter Road" (*L.* 60), "Electric Locomotive" (*L.* 60), "Ettercap" (*L.* 61), "Fower Sangs for an Umquhile Teenager" (*L.* 65), "Gowk Tide" (*L.* 60), "Hamelorn" (*L.* 67), "Hamethochts" (*L.* 58), "In Dispraise o Eden" (*L.* 59), "King Alisaunder's Ride" (*L.* 57), "Lost Darg" (*L.* 56), "Luve Sang" (*L.* 55), "Makar Lad" (*L.* 58), "Mistress Watt's Baudrons" (Hugh MacDiarmid Tassie 1998) (*L.* 53), "Muinhairst" (Hugh MacDiarmid Tassie 2002, furthset as "Munehairst") (*L.* 61), "Musselburgh Shibboleth" (*L.* 62), "Siller Swan" (Scottish Arts Council Poem o the Month, November 2006) (*L.* 58), "Simmer's Lease" (*L.* 71), "Warsang" (*L.* 71), an "Winter Sang" (furthset as "Yuil-Sang-Seik") (*L.* 57).
"The Lang Wife o Drams" (McCash Prize 2001) wis erst furthset in *Scotlit* 26.
"Eild" wis erst furthset online on the Wigtown Competition site.

Screed/*Text* © 2019 Elaine Morton.
This edeetion/*This edition* © 2019 Michael Everson

Aa richts reserved. Nae pairt o this publication mey be copied, stored in a retrieval system, or transmitted, in ony form or in ony wey, electronic, mechanical, photocopyin, recordin, or itherwyce, athoot the prior permeession in writin o the Publisher, or as expressly permitted bi law, or conform tae terms agreed wi the appropriate reprographics richts organization.
All rights reserved. No part of this publication may be reproduced, stored in a retrieval system, or transmitted, in any form or by any means, electronic, mechanical, photocopying, recording, or otherwise, without the prior permission in writing of the Publisher, or as expressly permitted by law, or under terms agreed with the appropriate reprographics rights organization.

A catalogue record for this beuk can be gotten fae the British Librar.
A catalogue record for this book is available from the British Library.

ISBN-10 1-78201-239-7
ISBN-13 978-1-78201-239-9

Typeset in Bembo by Michael Everson.

Design an kiver design/*Design and cover design*: Michael Everson.

Kiver photae/*Cover photograph* "Detail from a Vintage Wrought Iron Gate, Glasgow" © 2018 Yvonne Stewart, Glasgow. dreamstime.com/yvonnestewarthenderson_info.

For aa ma friens, praisent an absent

Fowk

Michaelmas Daisies. 2
The Lang Wife o Drams 4
Anent an Auld Schuilmistress 8
The Makar Lad. 10
A Tint Face 13
Easter Road 14
Mindin Bob 15
Bluecoat Wife 16
Smaa Toun Wife 17
Mary 18
Frances. 20
Mistress Watt's Baudrons. 22
King Alisaunder's Ride 24

Fasherie

Warsang. 28
Hameland in a Lowe. 30
Hamelorn. 32
Winter Sang. 33
Cryogenics. 34
For Ma Deid Brither. 35
The Yowes o Holyrood 36
The Siller Swan 37
The Lost Darg 38
Cowp the Cobles 39
Heidlamps 40
Tholin *myalgic encephalomyelitis* 42

Fleegaries

The Ettercap 44
Battalions Not Single Spies 46
The Musselburgh Shibboleth. 48
In Dispraise o Eden. 52
Pairty Fowk 55
Electric Locomotive 56
Baundstaund Blaes 58
   1. Elegie for an E♭ Bass Player 58
   2. A Baundsman's Prayer 60
Hamethochts 63
Granny. 64
Kenny's Carline 65
For Cathal 66
The Grocer's Dochter. 68

Feelins

Fower Sangs for an Umquhile Teenager 70
   1. Daunderin Cits 70
   2. Stairheid Critics 71
   3. Couthy Chiels 72
   4. Rantin Fou 73
Muinhairst 74
Luve Sang 76
Lest Luve 77
Eild 78
Deid Sang 80
Gowk Tide 81
Simmer's Lease. 82

Notes. 83
Anent the makar. 84

Fowk

Michaelmas Daisies
in memory o ma mither

Whan simmer gangs hirplin intae hairst
Wi misted ee an ruddy neb,
Whan poppies tume their petal tears
Whaur peonies erst in crimson bled
Tae bare the furthy seed-box, then
They purpie aa the gairden walks,
Thae daisies o St Michael's tide.

Whan hairst gars shake a wabbit neive
In winter's cauldrife face because
Her strenth is drained in drappin leaves,
Whan colours dee tae brouns an sap
Thrombotic clats in auld leaf-veins,
They spill their pluffins on the wind,
Thae teuch-limbed flouers o Michaelmas.

Whan in the spring redoubled shuits
Shaw hou thae pluffins thraw the seed
Out circlin frae the parent ruit
As lippers mark a chuckie's splash,
They smuir the waffer spirls, tae blaw
Aye vauntie ower the rarer breeds
That warsle out for Michael's day.

An whan I see them, leaf an flouer,
Bauld set in ilka gairden place
Wi heids deid-purpie as auld cheeks
Or lips by hert-ill nippt, stith-stemmed
As wire-baned casten coffin wreaths,
I mind ma mither hated sair
Thae daisies o St Michael's tide.

The Lang Wife o Drams

Alewife, kailwife, auldwife, bauldwife,
Whaur are ye gaun this drumlie day,
Wi heid unhappt an reid bare caufs,
Strampin the streets your lane?

The causey is mine, sett an syver,
The tounbraid freedom o rovin
Whaur the wind in ma lugs sings blithe
An the plainstanes ken ma recht.

The tall wife o drams wears winterlang
Her simmer prent o flouers, her hairfaa redd
Ticht in a tail, her buit-soles cauldly thin
For aa the Sally Ann wi blessin gied
A braw warm jaiket coloured like a rose.

Stravaigin the toun wi a sangless sang
That wearies na for friens, for bairns far grown
Out o her kennin, nor for that first luve
Wha slaistered her, nae make but drink is hers—
Canny in the ebb o life, wi sparkie ee
Gleg for the cuprous gleet o lost bawbees
An hauf-spent fags, gutter-mankit winnins
Are playock muins whaur whisky is her sun.

The hostel tint her o her clart, her rags,
Her bottle, bedded her in easy sheets
Unbowed tae plainstane sairness by ill dreams.
But pawkily she gowks thae dae-guid fowk
Tae pree her whisky jar, slee happin it
Snod in a Jenners' bag, tae mak her howff
O railway bink or phone box or the warm
Neuk o the public gairdens ilk fair day.

Lanewife, plainwife, sadwife, madwife,
Why dae ye roam this plashy hour
Wi weet kirtle hem at your knees,
Bummin thon wershlike sang?

Ma feres are the binks, the kiosks
That dinna deave wi their gabbin,
Jack easy friens wha cast nae clod
At ma whisky-wuid sang.

A plain kist waits tae hoard
Her liver an lanesomeness,
A douce-like hymn for deid-sang
An thae dae-guid fowk tae mourn
Whan she finds the muckle clan
O gaistly drinkin kin.

For hauf her saul's awa
On the rubato beat
O her itherwarld sang
An her een see derkly throu
A gless that wunna wesh
Tae her wraikfu angel.

Langwife, wrangwife, gleidwife, deidwife,
Whit is your sang this gowlie day
Whan the east wind skrinks ye neb an cheek
An your dautie stowp is tume?

The waff is weet yet o ma muse
An her needfire braith in ma wame
Gurges up kellheid wordrifeness,
Feeds the lilt o ma sang.

I am the Guid Toun's speerit: for I am
She that wis smitsome wife o Canigait
An Luckie Middlemist wha sellt his dram
Tae luckless Fergusson; I wis no blate
Tae fling a fauld-stuil in the kirk or bait
A priest wi eggs, afore I gaed tae hang
As a Grassmercat sanct in God made strang.

In the West Port they killt me, sweet in wine
Preserved ma beauty, drounin me yince mair
As I a Norloch witch had drount lang syne,
Ere I wis merchant Mary peyin lair
For lasses; I wis blessed athoot compare
Whan ma platonic ploughman wrote ma name
Clarinda, cursed in auld Miss Weir's bleck fame.

I am Mary King flit frae the deid close
Wi the pest on ma braith, scaitterin wide
Ma cauld revenge in a sair-wrackin dose;
I am Mary Queen on ma stately ride
Cloaked sorry in splendour, for at ma side
Rins Rizzio's gaist an dreich throu aa ma dream
Threids Calvin's creed an gowd haes tint its leam.

Anent an Auld Schuilmistress
for a sneisty teenager

Fule bairn, ye niver kent her ere the chalk
Unsoupled her saul tae bleckbuird stithness,
Limnin wi lyart shedda mind an hair;
Afore the reid keelivine o duty
Gart mark ilk thocht as fit for clessroom talk,
Pundin sture her sperrit's lichtsomeness
Ahint the patient words o nippit lair
Framed for the lugs o mediocrity.

Smaa need o belt or bann whan her shairp ee
Spied out disorder's seeds ere they war sawn,
Smuirin wi timeous word thae ploys o ill
Bairn-born, an cowin wi a proper awe
Tae learn the stiever for braw eulogy
Sweir won frae her, else dreid displeasure drawn
By lessons scantit no throu want o skill
But idleset, nae twice-committed flaw.

Twa score year syne, her young birr bleezed wi feck
O eident wark, a Slessor tae her caa,
She wha for ithers' weans forwent her ain—
No for the siller but for wull tae earn
That smaa reward o terrifeed respeck
Won o lairin scholars that life's aa
A lang hard darg, nae easy wey tae gain
The pensie virtues o a wise-like bairn.

That licht o mission purpose gart her learn
Lads like your guidsire frae the ill-aff schemes,
Nae stent o time tae gie them o her best,
Be siccarness whaur parents tuik nae reck,
Blaw cannily the wee bit low, wi airn
Ahint the velvet guide the gorbel dreams
Tae honest warks; fair-daein, she confessed
Nae stern, aa even on her favour's leck.

An aa for whit nou occupation's gane?
A bairnless teacher gaithers nane. They flee
That got strenth frae her whan their wings are stark
Athoot a backtaen luik, nae wiss but gae.
Auld but no wandert, kinsfowk few or nane,
Gleg-wittit in her gloamin, blithesome she
Gies tae kirk, guild an gairden earnest wark,
An at the lest gangs lanesome doun the brae.

Lat her no raep unmerited disdain
Frae fowk that but for her cuid no wey scrieve
Nor read; scorn no her dowdy skirt, flat shoes;
An snash no at her nivermairrit state—
For wha can tell, if she war young again,
She micht outglamour ye. Jist this believe:
Your waes are yet tae be, but I jalouse
Your saul will niver wax as selfless great.

The Makar Lad

I see ye yet wi your wind-kamed hair
An the day-daw in your ee,
Cryin your bardheid in the daft days
At the mercat cross o youth.

I lost ye lang syne in life's dreich fair,
Nae word heard o poesie
Or sangs tae niffer wi fame for pays
In the trokin place o suith.

Are ye trauchled nou wi wife, wi weans
Whase sauls lack sang o the muse,
Fasht wi bardlorn wark tae win their brose
Frae the roup o auld-young age?

Is there yet some stoury aumry hains
Wanscrievit words, dyvour dues
O sangs unreddit, unbardit prose
Blacht on the yellasome page?

An dae your een refleck day-set's lowe,
Faint o the maisterin leams
That gart ye chairge dearly aa that bocht
Green ware frae your packman yield?

Wi your lint-white locks shrunk tae a gow
Round your bare pow tume o dreams,
Will ye murn forgotten sangs unwrocht
In the luckenbooths o eild?

Whan He Left
in memory o Audrey McArthur

Whan erst he left, there wis smaa time
For greetin, nae blank hour tae murn
Hinnie an roses, wi twa bairns
Tae cleed an wesh, smaa siller hained
For feed an rent, nae siccar tide
But strenth an cheer tae thole the years,
Outfacin life's an luck's warst wiles.

Whan neist he cam, that cheer an strenth
Walcomed him hame; a smaa hope coured
O hinnie years, the roses aa
Blew bricht an crined, bairns grat smaa waes,
Unshair o faithership frae him
They little kent, an nae cast clod
Gied easement tae his runtit saul.

Whan lest he left, he tuik the dribs
O lingel-backit troth, he smuired
The hinnie hope, but smaa his pouer
Tae reive the impit roses; bairns
Tent their braw spring, nouriced on cheer,
Strenth drawn o hers tae mak her ain
Mair stark than mountain-thrawin faith.

A Tint Face

Adoun the sun-dicht street she gaed, dug-wise
Ahint her new mon, bricht-faced at his caa,
A clockwark dall, a kite reined frae its rise,
Kite string tichtly his, clock key his tae thraw.
She passin saw, wi haund licht waffed tae sain
Oor umquhile sisterheid, ungawked her een:
Thocht I, wi time she'll win til me again
Gin trauchles gar her seek a leal-hert frien,
But nou her mon wis aa. An sae I tuik
Nae shade o grief frae her hauf-turnin luik,
No kennin that nae daw o neistenyear
Wad shaw her sunlit brou, we twa re-fere,
Sin oor quick rites o daith gie niver place
Tae haud lykewake abuin a kisted face.

Easter Road

The strecht road tae the firth bummed like a fair
Wi langsybe giff-gaff, amblin shipmen lowsed
Tae hure an dram toward the city yetts.

Nou fowk are warslin sair tae mak a crust
In hauf-tume shops that dreichly kiss the cap
Wi buirdit windaes an upclairtit doors:

But, whiles, the dwinin street wauks tae the rair
O fitbaa dafties yaisin nippit words
Tae curse the tynin an the winnin baith.

Then shops are early slottit, double-manned
An swairmin polis fauld the sweirin mob
That fechts an drams an rairs the slaw road hame.

Mindin Bob

He gied his aa, his aa of aas,
Haill-hertit tae his ilka cause,
Nae hauf-mete tass, nae English pint
O cauldrife birr but drum-fu quaich
Pressed doun an rinnin ower.

He gied it laldie, spak it plain
Wi guid sense words an thochtie brain,
Nae wastit speech, strecht tae the pynt,
Nae hingin-luggit staund, nae laich-
Vyced haiverin, nae stut, ne'er dour.

Daein or sayin, ilka ploy
Won his best wark, no just tae toy
But rax the goal, plan, organise,
Help ithers win their wey, mak weel
An efter tyauve tae haud the luck.

An whan daith-dalin cancer staw
Intil his wame, he focht the blaw
Wi newer causes, socht the prize
O leivin tae the lest wi steel-
Spined virr afore his lest hour struck.

Bluecoat Wife

The wifie wi the blue bricht coat
Is runkled an auld,
But nae weedow-bleck in her claes
Shaws her saul unyauld.

Search an rake in the pang-fou shops
Gleg as a lassock,
Niffer an pree ilk offered thing,
Aa braw guids in stock.

A bienly word for ilka bairn,
Blethers for friens;
The new, the unco, her bricht ee
Gaithers an gleans.

She's won her freedom nou they're flawn,
Man but an bairn-fowk,
Nae price tae pey til eild-ills gripe
Cauldrife at her bouk.

Smaa Toun Wife

Smaa toun wifie cam tae the scheme
Mairrit on a man wi a job—
A splash mair siller than the lave
Tae spend for the luik o the thing

At the schuil in the less smaa toun
Mair than the neichbours lairnt she—
At work in the store, she's the yin
Wha kens aathing, her neb's aye there

Smaa toun wifie sings in the choir—
Wowf! Luik at me, I'm a star.
Loud owre her neichbours she craws
O hers an whit's fit for the lave

Smaa toun wifie has ae dochter
A treasure ayont ither bairns—
A bonny life an naething spared
Tae mak her bairn the best o aa

Dochter is a modren lassie
Wha lippens no tae aulder weys—
Bairned at seeventeen, unfasht,
Mither left tae rear the wean

Whit nou the bonny life, whaur nou
The vaunty sang o betterment—
There'll be nae braw white weddin
In Smaatoun on Forth:
Wifie, sing smaa!

Mary

Maist lucky leddy… me? I'm but
An aefauld lass wha frae the kell
Brocht watter, steired the hamesteid pot,
Blew kinnlin tae a lowe, cuid tell
The aits frae bere, kent stirk frae stot,
Aye thrang wi sewin, bakin, fell
In hamely warks, ma tocher bien
Tae coff a weel-daein auld-young man.

Sae Joseph cam tae niffer, eed
Me ower an spat upon his thoum,
Nae chyce o mines: ma lot tae breed
His bairns, be canny wi his soum
O guids an siller, hark an heed
His will… ay, fine; but that's a tume
Waff voo nou I'm wi bairn an ken
No hou ma wame grew gret. Ma lane

I socht ma bed, ma lane I lay
The nichts, dwaumed naething ower bauld,
Heard nae coorse talk… whit shall I say
Tae Joe? He's guid an kind but auld:
He's no a modren chiel, nae way
He'll raise a bairn no his or hauld
Me as his wife. I'se thole ma shame,
Best wi ma ain fowk bear the wean.

The sudden gleet gart daizzle me,
The unco vyce gart grue. "Ye'll bear
A son, God's Mither wull ye be.
Be thankrife, lassie. Think no sair
The cleckin, sin in deein ye
Wull be Heaven's Queen an mair..."
"Tell Joe," says I, "I'm no a slut..."
"The warld's fowk aa shall ken ye're not."

Sae hecht he, left me wunn'rin hou
The joys I wantit an the get
I sakeless gat, wha'd wed me nou...
Maun I sae thole the jizzen, set
A wee bit smirtle on ma mou,
Poker-gizz an tacket tung, freit
An ferlie lea tae ithers, be
A stookie goddess... me, no me?

Frances
mindin Frances Scantlbury frae Abbeyhill

O whaur an hou went Frances,
The wee wife wi the toque?
Whan an whence departed she,
Perjink an maiden-lane?

Had she no a backthrawn word
For us, that she skaithed nane?
Has she socht a braw new warld
As aefauld as her ain?

Has she cast her hats awa,
Winter broun, simmer blue,
That we shall niver ken her
Lyart hair, halo gowd?

Did she flit the forhooed house
For kist or nursing hame,
Blithe at lenth tae lat gae frae
Her day's unhairmin round?

Her mither wis a Leith lass
That learnd her dochter weel
Tae dae a neibour kindness,
Tae keep a dacent hame.

Her faither cam o Kentshire,
Gied his kenspeckle name
Tae be sport o bairn an jo,
Dee wi his unwed lass.

Braw neibours we that ken no
Whaur an hou she flittit—
Quietly lost nae tellin whan,
Gane douce an unco hence.

Mistress Watt's Baudrons
aboot 1763

Droosy baudrons blent at the dancin bleeze
Whaur snipie fufft wi suit on neb an dowp
An spat at baudrons in a bubble's lowp,
Gart baudrons gie her glentsome hide a heeze;
But aye she sang three threids in a thrum
An aye the reek flew up the lum.

The maister dovert, mistress wrocht her lane,
Her sleekin airn sled gleg on sark an goun
An snipie's lid gaed duntin up an doun,
Whiles baudrons crooned aside the ingle-stane;
For aye she sang three threids in a thrum
An aye the haet gaed up the lum.

Than maister waukent, heard draps hiss an dee,
An raxt til baudrons in a dautin streek,
Saw snipie ettlin fou wi watter's reek,
Held aff a thochtish while his haund an ee,
Tho aye she sang three threids in a thrum
An aye the bleeze raired up the lum.

The hie flames flang, the mistress' airm plied swack,
The maister scrat blyth baudrons' thrumfu pow
An heftit snipie bummed abuin the low;
The kythin thocht got birr, wis cled in fack.
An aye she sang three threids in a thrum
An aye the smeek raise up the lum.

A muckle kettle fufft, the yauld steam harld
Lang pistons till they yerkit sleek in slicht,
For pouer wis cleckit in the ingle-licht
Whaur genie lowpit: snipie dang the warld.
But baudrons sang three threids in a thrum
An the reek gaed scourin up the lum.

King Alisaunder's Ride

There cam an ugsome wind thon luckless nicht
Drave mirk athort the muin wi rackin rain,
Wi blindin rattlestanes in gowsty flicht
Alang the drouken grund, a blast o main
Wrocht stangin frae the clouds, as God's gret micht
War framed in skailin storm, bluidwytin-fain,
A sair-braithed blaw wi ice intil its mou,
Wrekin an awsome weird for Scotland's rue.

He wis oor king that we cuid no naesay,
His hert-thocht thirlt sae leal tae his lass bride
Whan we besocht him bide til siccar day
Nor tempt the grumlie lift an swallin tide,
The gaithrin wind an seas o drumlie grey
That jowed the kittle boat, gurged ower the side
As aa the radgie firth wad kiss his haund,
Tume ower his feet an keep him frae the straund.

Sweir wis his horse an sadly laith war we
Tae ride the mirksome road, the storm-cloured craig
Abuin the brattlin Forth but, kinglike, he
Set skail an fluid at nocht, spurred up the naig
An cheerly spak o journey's end whaur she
His young queen waited, made a lichtsome braig
O the douce walcome lowin on her cheek,
Bade us haud blithely on, nae halt nor heik.

Nicht bleckened on, the far-aff thunners gied
A rout an plumpin weet fell in a rair;
The wind waxt cruel, blew the bouets deid
Tae mock oor blindness wi a dwiny ster
That blent a gliff than hid its daeless gleid
Ahint the cloud, but he laucht doun oor care
An gaed the foremaist o the taegelt troop _
For latefund luve gart smeddum flee the coup.

Hell has its fires nor damns its sauls in derk,
Ill-lichts the deid tae bleeze upon their sin,
But thon nicht's hell wis tint o canty sperk,
Ilk airt unchancy, fithauds sair tae win
On that reuch road; the smuired muin wrocht sture wark
Whan guide an guidit twined, the skelpin din
Drount shout an stummle whan the trauchelt horse
Cuist him aye-lestin on his weirdit course.

Fou lang she wauked, puir bonny queen, fou late,
Erst doutin he wad suin come slingin ben
Tae wyte the brashy skies an blindrife spate
O his slaw ride, yit nane came but his men
Blacht as green crowdie, wae an gruein-blate
Tae speak in hope or guess ayont oor ken,
For cries unherkent in the deavin flaw
Brocht deil an answer sabbin on the blaw.

But in the lownin cam the grey o dawn
An then we fund him, tho nae word spak he
O hou hame-farin wis become hame-gaun,
Wund in his draigelt cloak whaur sowffin sea
Sang requiem, whaur in the sand wis sawn
The comin skaith; for mirkrife meesery
O fechtin days has won us nae release
Frae storm, sin he is deid an eik oor peace.

Fasherie

Warsang

These are oor sons an dochters, these the fruit
O twenty ripenin years, these wull we gie
That ken nae antrin fear, tae find their dreid
In chirtin guns an fissile bombs, tae drouk
The harried yird wi bluid, wi spartit hairns
O ither sons an dochters.

These wull wi teach oor battlesang, these suit
In oor dreich dyes tae dae oor deviltry
In farland airts, tae pushion hairst an seed
Throu langsome years, tae teem doun flame an smeuk,
Lowse wrack tae mank an mittle ungat bairns
In hell-owercappin slauchters.

Oor sang wi cymbal clash, wi touk an rowl
O pulsing drum, wi trumpet fanfare, peal
O muckle bell, sounds discord, gars deleer
Wi stapless rhythm, wi gaithrin speed thuds out
The thunner beat that day-suin an nicht-late
Is sendin sane men gyte.

The sangs o peace are sweir, but aa can yowl
The lays o war athoot a sangster's skeel,
For deif fowk ken the faburden o fear
That counterpynts oor tune an dumb mous shout
Oor chorus whan it loudens intae hate
An modulates tae spite.

But whan the storm-wind lowns an wastries fail,
Whan stoury deserts mark the cities' daith
Where'er like Jericho oor bugles cried,
Whan echo-vyces fill the bairn-reft hames
Or carven nems for their tint bodies staund,
Will then oor cruel sang cease?

An will we hear, throu aa the Flodden-wail,
Throu skirlin bomb-faas, throu the venom-braith
O pushion-gas, abuin the truths denied,
The victor's bleeze, the roup, the rairin flames,
Amang the crapless glebes an stervin camps, the graund
Diapason o peace?

Hameland in a Lowe

Hameland shuid niver be whaur wrackin bomb
Faas fleemin doun, whaur vandals misuse faith
Tae kythe as murderers, whaur terror caas
The innocent frae hame, whaur ruins breed
Dishealth an clairt, whaur bruckle howfs are brent,
Whaur nae safe bield can gaird the hamelorn fowk,
Whaur parlous seas seem siccar mair than earth
And on an outlan shore a bairn liggs drount.

A fear sae monstrous lowers, sweir horror's thrust
Gars fowk as jetsam clag the cauldrife brine,
Skies mirken wi the ugsome scour o daith,
The deavin watters jeel, wanchancy boats
Rock gunnel-deep wi dispert voyagers
Wha ken nae seacraft, dowf o brain an bouk
Frae rug an rive ow'r fremmit peths, sair liths
Pricked on by peerie hopes an muckle dreid.

The trauchle wins smaa kindness, life is tint
Upon a bawbee's thraw, peyed siller wins
Nae easement frae the swaw, thrang vessels breed
Mair gowd for greed that kens na peety's saul:
Whaur antrin weirmen quest for ile an pouer,
Airm wi their guns the bigot tribes tae sain
Divide an rule, there is nae frienly tryst,
Nae bield for innocence, nae hame for peace.

Whit wey atonement? Hou mak war unweir?
A walcome shuid be theirs whase land is waste
Throu ithers' grippy ettles, beinly thochts
Shuid kittle up the saut offeecial brain:
Reid veins wax stith, sair hairts by aff-pit fail
Whan slawly grinds the rueless legal mill,
Denyin herbour for nae mensefu cause
Tae auld an feart, tint deid o charitie.

Hamelorn

An ourie house can bield tho switchbells wauk,
Fidge forkit ends, tho foggit ashlar lairs
The drousy chrysalis, the eemock thrang
An siller-glaurin snail; tho ettercaps
Spin wab-fleesh thick as oo, deep hung in stour,
An Jenny-mony-feet owerleggit crawls
Frae clock-clamjamfried neuks o cauldrife stane,

A yett o airn can shield tho hashie winds
Gar whustle throu the ravelings reuch airs
O wordless sang, tho shedda leckerstanes
Rax mockrife tae thon door-cheek's unsnod gaps
Whaur dous at grekin an mirk's houlet caa
Unanswered, whaur the stilly kist-fowk streek
Uncarin if they house-feres hae or nane.

The halie grund can yield its unco peace
Tae lairless gangrel: mawk-fowk ask nae shares
O drink, ken nae drog rages, niver dwam
O umquhile hame, hou lost. The nicht jeel haps
His bouk mair siccar than the day: he kens
Nae corp hauds knife upon his craig tae rob,
Or kills for hochmagandy lire an bane.

Winter Sang

The tide o darkrife days has stown oor licht
An daith comes staukin cauld-fit throu the yird
Tae nip wi rimie hand the dowless leaf
That hairst forgot, tae skrink the late-blawn rose
That dourly nithers, whiles the ower-suin nicht
Smuirs blekly doun whaur houlet wauks unherd
For mouse that steers na for the bane-deep pruif
O winter's grimin storm, the icy gloze
On bieldless glebe an wind-reft muirlan heicht.

The skrinkie reid fern on the frosty brae
Lies skinklin white aneath the sun's cauld sheen,
Happed in an ice-cloak, tae fitfaa bruckle,
An nests are gizzen in the grey-armed tree
Whaur spreckled eggs war warmly laid in May,
For in the naked wuid the wind souchs keen,
The yowtin staig cries the hairst's deid-ruckle
Wi het braith haary, whaur roost tholesomely
The sangless birds, tume-gebbit aa the day.

An in the clairtie toun, a pewlin bairn
Plays Christ tae drog-drunk Mary unner nae
Bycommon star, unkent o eastern kings;
The wintershaw o streets thrums wi the rair
O hungrie troke, owerslairkt in orts an shairn,
Sin gods are laired here in nae kindly strae
But kythe uncried whaur sheenin gowd outrings
The sang o angels, while the douchtless prayer
Yowts tae the skie that wice men niver lairn.

Cryogenics

Caller maet haes savour tint in jeelin:
Ice crystals cauld as ony Nordic hell
Clat an pauchle watter frae the bluid,
Reid gizzens intil bleck; flesh graws blacht
In snell formaldehyde, in saut turns teuch—
Pickle or cure maks deid—the saul ungleg
Ruckles in the frozent javell corp.

Langsyne crined Tithonus, a katydid
Undeid, nae wabbit god freeze-dried
In everlestin youth, wice ayont youth's
Greenin salad days; unrimed o freest,
Dolly grew, ages wi her ain erst cell—
Tho she outleeved her feres tae slauchter led
Ahint the Judas sheep, eild spared her nane.

A ferlie o freezin hauds the smeddum
O eggs, o sperm in hunnerts angel-wise
Poised pin-heid thick in an eugenic dwam,
Bairn-pouer unmankit, sae may ma corp
Haud life athin, cauldly bidin science:
But tho ma brou be Botox-brent, waukent
Frae ma ice-thrawn coma, I shall be auld.

For Ma Deid Brither

Ye kent their nems, bacteria o rot
Wha chittle on ilk cell, gilravagin
The double helix, ilka mauk-wirm kent
Wha threids the flesh at heck an manger.

Wice tae the chymic o *post mortem* chynge,
The bloatin gas, the reid suffusin tinct
O vampiredom, the bleckin skin, the banes
Outlestin aa, ye'll thole them nou unkennin.

Nae shalla lair or wuidland burial
Wull summon til ye flockin wirms,
Moupin gleg, wha glee on putrefaction;
Deep-stowed in muils, rot wull come grimly slaw.

Nae swith oxidation wull anneal
The saulless flesh, nae sterile ash mak end;
Yirdit for anither's haly scruples
Ye wull corrupt no fertilise.

The Yowes o Holyrood

The flouers blume grushie in the howes,
Flourish an fushion plenish the knowes
Unmouped, for nou nae hungry yowes
Dwall by the Wells o Weary.

The broom blaws rarely on the hill,
Greengowd in dinless bields an still
That sheep sangs niver mair wull fill,
Nou they've left the Lion's Hainch.

Yallae spinks an creepin hen-taes
Spet the swaird afore the lyart blaes
O bugloss an tod-tails, nou gaes
Nae gimmer on the Whinny Hill.

The windlestraes rise stith an sere
Frae shanks o gress waxt hale an fere,
Unpikit, sin this mony year
Yowes are gane frae Hunter's Bog.

For Arthur's Seat's nae mair their bed
But fyled by dugs an fowk instead,
An green grows ilka leaf an bled
Nou sheep hae quit the Royal Pairk.

The Siller Swan

The siller swan is deid—

No Solomon in aa his glory wore
Sic claes as his tae ripe the glaur, nae queen
O Sheba gaed sae bienly in her state
Tae freight the heavy watters, nae sweet ile
O Sharon's rose gart fyle his sheenin dress,
Nae floatin lily's tresses snarled his feet,
Nae gleet o pearl outblent his leevin ee.

Bleck dregs o sump an vat anynted him
Wi kenmarks o grim homage, man-wrocht threid
Unfreed his wabs, a pirnfu starker spun
Than silk wun his lang craig, his forfeit wings
Wore clagging foulness that his river hame
Brocht frae the wame o warkrooms, an his slaw
Deid-thraw fed fousome on a fisher's lead.

The leevin watter fendit, floated proud
His bouk upon the flude, gied house an maet
In lairdly spate, nae wadset socht but leave
Tae reive his life an cairry venomed daith
Intil his mou, did skaith on his fair hide,
On lippin tide gart rot him quick an, deid,
In weed an wastry beached his droukit ket.

The siller swan is deid.

The Lost Darg

Sea's in a low wi the young day's sun,
Daizzle an gleet whaur the saut wind yabbs,
Greets for the boat nae mair won hame
Frae hairstless deeps far aff the land;
For draigless faem's in the herbour neuk
An trawls rot raivelt wi deid tang
Whaur on the sea toun's thriftless dyke
Nitherin maws crouch dumb o skirlin
Sin nae day's drave eiks up the creel.

Cowp the Cobles

Cowp the cobles, straw them hurdie liftwards
Abuin the gizzen wrack, heft house-heid hie
Dry keels tae set as lair stanes ower the land,
Hing trawls for wreaths, lat gawkin tourists murn
In deid-house schuils o virtual industry
Whaur plastic haddies daff wi pented cod,
Sin eurofish gae by oor fankled nets,
Garotte themsels in fine-wove outland mesh.

Cowp the drave boats, gie the eurofishers
The rinnin sea lang giftin tae oor strand
Tume shells on fish-tumed waves; cast dale an scran
Afore the wind tae ither sea-maws' gabs
An ding waff anchors towless frae the stocks
Tae droun wi nets unrantered, foundered bells
Wi droukit tongues scaw-soused sing coronach
Ower fish an fishers, ghaistly shoals come haunt.

But concrete howes unbuoyant lat there lour
Aboun oor seat o pouer, unruddered keels
Gaird oor green thochts frae action, hain wice words
In deedless splendour; lat these rumples ken
The jobless vandal's spray-pent, dear bocht bields
O hauf-won independence; gie oor bairns
Fish-fingers made o soya, tell them hou
We cowped the boats, tint sea, tint drave, tint aa.

Heidlamps

Drivin a derksome raed I scunner
at harsh-strung diamonds glarin
like some radge hell-ejectit wunner,
flamin frae lichts ee-sairin
o onward-rairin caurs.

Begowkin daizzlement gars habble
ma wabbit senses, steerin
a wrangeous peth amang the yabble
o tyre an engine, peerin
whaur fleerin rabble scaurs.

Deil's een pursue me, back re-flarin
as mirror'd sunlicht blindin
or swollen supernovas starin
at the lang train onwindin
o the wayfindin horde.

Sterns fade intil the mirk ootgleetit,
the leeries cast smaa bleezin
alang dim streets, wi birr depletit
by swairmin heidlamps heezin
a teasin fire's discord.

The lift is tint in licht, fire smuirin
the bleckness wi bauld leamin
tae ding the sterns wi snell outpourin
o unco lowe faur-streamin
out o the teemin thrang.

Harsh neon signs on hoardings flashin
in mirlie flichter jiggin,
wi jinkin lamps owrbrichtly clashin
birl roun an bicker, tiggin
a sair heid's biggin stang.

Tholin *myalgic encephalomyelitis*

No coffeespuins hae meted out ma days
But sonsie teapots, thrillers, thrummin cats
Hae made ma wastry, listlessness an ache
Hae marred ma grawin spring wi scruntit hope,
Wi burstin buds that burgeon late in blicht
An flouers gane sere afore their een are wide,
The petalled wattergaw tae dreichness brount
Afore ma autumn cam in timeous wise:

A shedda bridegroom wiled awa ma strenth,
Stow ma proud thochts an riped ma breardin saul;
Garred me tak derksome place in scabbitness
Amang the dwined an doitit, snecked the sun
An left me weedowed by the outgaun tide.
Tume words war gien that douchtless I cuid rage
Again thon deein licht that niver dawed
But I am hauden thrall an waffish shake
Ma haveless nieve aneath the dernrife muin.

Fleegaries

The Ettercap

Thon ugsome ferlie gawks frae twa derk muins
As I war unco bred o some bleck dor
An gars me drap ma threid an body baith.
Wha's he tae stare that, wi his fower slaw legs
Short o ma gleg acht, ill-setten gangs
An shakes ma wab wi blawin? Does he plan
A wab his ain he haesna skeel tae big?
Hou daft he fykes an fidges douchtless-like
Nou bumming saft, syne wi a thunner rair
Rivin the echo frae the silent waas.

He sets me wrang, I canna weave ma wab,
I tint a fithaud wi ma seeventh leg
An tummelt doun ma maiden yarn yince mair
The while he reuchly breathed upon ma rig,
Ma hechle's twin asteer in his gret ee.
O creature, out ma licht: ma siccar en
I needs maun steek hie on the coomceiled stane
Afore I streek ma weft like filigree
About the warp—let me in peace tae dae
Ma maistercraft athout your skaithfu souch.

He glooms on me wi deeper runkelt brou
Than ma wab's labyrinth deserves, thae een
Aff-pittin niver luik aside whiles I
Hing kiltered here: anither ettlin push
Wull hide me in the mirk, lat be ma wab

Till he's awa: again I gang ajee,
I slip, I waffish hing, I drap, I'm doun...
The fasherie's tae dae, the mirligoes
Tae thole anither thraw, the cave-heid far
As first it loured, ma belly's pirn ill-waured.

Gang hooly, caum, acht legs unraivelt steer
In tenty order up the sleekit threid,
Nae heed tae thon gret beast, haud fast, mind aye
The shedda neuk that's haven, in an bide
Whaur he'll no rax his airm... whit needs he skirl,
Wi spechtwise lauch an cranlike dance, wha haes
Nae etin wab tae set him, nae coorse raip
Tae spin for heavy flee-traps? Aye he caas
His ae cry like a mire-drum, ower an ower
As he had scaled the warld: "The Bruce, the Bruce".

Ay, lat him caper nou I'm siccar hid,
Laired in the derk; he canna skaith me here
Wi gowsty breath or flailin feet, an I
Coud wiss weel tae his ploys if he wad quit
Ma cave. "The Bruce, the Bruce"—he yammers yet
O guid kens whit an nae wab o his tweelin
Seems like tae be. Can there be ither wark
Than wabs, some giant purpose in his hert
Unkennable tae me, some canny craft
O skeel tae cow ma aefauld gossamer?

Battalions Not Single Spies

A patriot o Scots micht cry his lass
Brucella for a braw kenspeckle nem,
For gentle shepherdess micht fitly pass
Douce *Pasteurella*, bonny lads micht gem
Wi *Escherichia* in the shade, untruss
The tangles o *Neisseria*'s hair or clem
For *Moraxella*'s smile, believe untrue
Shigella, or *Borrelia* beshrew.

Baith *Vibrio* an *Proteus* stith micht strut
The Jacobean stage, a brulzie bear
O rival swords, wi *Tetanus* tae cut
A caper as they seek tae dee for fair
Listeria; *Nocardia*'s a slut
Loves *Haemophilus* tho he willna care
For her, an puir *Bacillus* sighs in vain
For *Veillonella*, leddy o disdain.

But whan ye ken these gentlefowk o fine
Romauncin nems prefer tae lurk an lair
Athin the very human form divine,
That havoc an no daffery they share,
Ye'll learn thro pain, in mulligrups malign,
That hochmagandy's no their wey, sin mair
Efficiently than mon can fornicate,
In fission fashion hou they replicate.

In hours or jimp in minents, hou they breed,
Ilk *salmonella*, *streptococcus* bides
No lang its lane, ilk cell itsel wull seed,
Ilk ane mak twa, ilk twin re-twins, divides;
Erysipelothrix, *clostridium* feed
An, wi *spirillum*, graw on mon's insides—
An whan they winna ding an dissipate,
They wax resistant or gar sporulate.

The Musselburgh Shibboleth

Whan the Scots cam here frae Ireland
    tae gie oor land her name,
They spread their tongue thro strath an glen,
    proud o their birthland's fame,
An, hameseek, cried the unkent airts
    by names they yaised at hame—
Auldearn an Atholl, Banff, Argyll—
    tae mind them whence they came.

They seeded aa the Hieland pairts
    wi Macs o ilka clan,
Dang doun the Picts, or mairit them,
    an triumphed crousely whan
They seized Dumbarton's rock; they spak
    Their Irish sain or ban
Until they tint auld Erin's brogue
    an Gaelic's leid began.

But whan the laithly Sassenach
    brocht Inglis in his mou,
He gart MacAlpine's sons gie place
    Whereat they tuik the rue
An frae the reuch bounds sallied out
    tae reive the Lawland cou
Afore war, peace or clearances
    strawd them the lang warld throu.

Whan neist the Irish cam, tae pou
    the hairst, canals tae dell
In their gret Secont Comin here
    wi orrawark tae sell,
They dreed their darg in camp an toun,
    wi Lawland fowk gart mell,
An buit tae speak the Inglis leid
    if no tae screive or spell.

An whan they cam tae Edinbro,
    they dwalt in close an stair
An maist war honest-daein louns
    but twa war Burke an Hare—
The tounsfowk tholed their ootland weys
    till they seemed ruited there
Tho they coudna shape their Inglis
    wi hamely Scottish flair.

Guid fowk should shairly walcome in
    sic douchty refugees
But the honest lads o Musselbro
    war sairly sweir tae please,
For on the brig athwart the Esk
    they stapped by twas an threes
The eastlins fowk, brocht pea-cods oot
    an speired hou they cried these.

Unfashed, the Lawland men spak weel
    the vowel an gaed their ways
Aa skaithless, an the Hieland fowk
    for aa their unco claes
Said jist the same, an bauld John Bull
    gied them a wauchelt gaze
Afore he telt it like the lave—
    but Patrick answered *pays*.

The honest lads o Musselbro
    war willyart carles an strang
Athoot weel-natured tholesomeness—
    whan Patrick spak it wrang,
They niver thocht tae set him richt,
    they didna mak a sang,
But heezed him hause an breekbaund heid
    an in the Esk him flang.

I dout he drount, like mony mair
    o Ireland's bonny chiels
Wha stummled on thon shibboleth
    thae ill bairns o the deil's
Set as their test at Musselbro
    for cowpin by the heels
Clay davies frae Cuchulainn's isle
    whase crime wis want o skeels.

But sleekit strags o Italy
    replied anither way,
Cried *o che pochi*, brocht ice-cream
    sweeter than gean or slae,
Wilin aa the Eskside lads
    until they got tae stay:
Auld customs dee whan bairns forget,
    or tholance wins the day.

In Dispraise o Eden

There lilies blumed, wi roses rare
On jagless shanks, wi gowdilocks,
Sweet hinniesickle, bergamot,
Pale laylocks perfumin the air,
Wi jessamine an cloyin stocks—
God's gairden wis a bonny plot.

There hinnie-blobs an drap-ripe peers,
Fat plooms an rosie rasps, gem-ticht
In ayegreen leaves, uncankert swelled,
Wi saft-skinned apricots, nae breers
Tae scart but vines o fruchtfu weicht
Where hairst wi spring an simmer melled.

Nae haws, nae green teuch grosets grew
On pricky scrogs, nae rowans soor
Or bitter slaes begunked the ee
Wi furthie crap of flarie hue,
Tho sheenin crabs spread guidly coor
Upon the ae forbidden tree.

Nae choking ivy smuired the waa
Bi paddock-stuil or nettle-bed,
Nae sourocks or rank tansy sprang
Amang the gresses an nae faa
O gizzen leaf crinched tae the tread
Or marred the birds' untaigelt sang.

The very beasts thrave swank an sleek,
Nae claw tae maim, nae gait tae flake
Frae dozie sheep, aa creatures free
O bluidlust, couthie, douce an meek;
Forby the spreckelt glaizie snake
That warped aboot the kennin tree.

There, aa wis sweet athoot relief
An sakelessness wis stiflin bliss
Fou ripe for cleckin ill, a den
O boredom fit tae turn Man thief
O waur than fruit; wae cam sin this
Braw gairden wis a fousome glen.

The bare yird stabbed wi tines o green
At winter's daith, the sprootin twig
An freest-bricht bud war joys unkent;
Nae soggy moss, nae fogs war seen
Whaur aa things grew tae fushion trig,
Manured by mulches heaven-sent.

The keenin wind, the tempest's sang,
The bleck-wamed cloud an teemin weet,
The tashless snaw passed Eden by,
For aa wis caum, set fair year-lang
In that ower temperate retreat
Aneath its blue untrauchelt sky.

Aa talk wis mesefu, ilk word said
Wis hamely as the hirsel maes
An lowin kye neer kent tae miss
The yowlin wolf or skirlin gled,
Tho paradise brocht longsome days—
Aa birrless but the serpent's hiss.

Whaur aa wis halie day an ease,
Nae bleckrife flouer, nae fruit wi scab
Tae tend, nae tilth or husbandry
For darg, an God alane tae please—
Wha wadna eat the reid-cheeked crab
That grew upon the warlock tree?

Pairty Fowk

Mrs Thickham gied a pairty—
O course I wisna there—
But champagne flowed like watter
Frae a bonny burn in spate

Yond awa in Africay
An drouthy Indian lands
Watter flows like champagne
Frae a teetotal menzie

Electric Locomotive

Mine's a seamless weld o track,
A signal evergreen,
Whirr o wind an whirl o wheel
Birrin an birlin,
Spinnin an skytin,
Glidin an gleetin,
Singin an fleetin on steel.

Mine's a deadly thrust o pouer
Teemin alang the wire,
Spout o spunks an scour o skaith
Blinkin an bleezin,
Flickin an flarin,
Thrawin an thrivin,
Dirlin an drivin the graith.

Mine's a sleekit rin an swift
On bearins swack an snod,
Thrum o thrapple, tirl o trinnle
Slidin an skirrin,
Turnin an twirlin,
Reelin an rackin,
Steerin an makin braw dinnle.

Mine's a speed that cows the wind,
Scaitters the haar like ooze,
Heat o hurry, hiss o heest
Keenin an caain,
Skiltin an skirlin,
Drummin an dashin,
Findin nor fashin o reest.

Speed's a lenth o leamin rails
An current killin-strang,
Eident wheels an gangin gear,
Axle an ingine,
Bearin an bogie,
Garrin an gaein,
Girdin an daein gret steer.

Baundstaund Blaes

1. Elegie for an E♭ Bass Player

The tone wis reuch, the tunin wauf
Whan he wis no owre feart tae play;
He shauchled like a day-auld cauf
On feet owre truelins shaped o clay,
For he wis deif an no sae smairt
Tho whiles a wullin mon at haund
Tae wear the gear, tae leuk the pairt
An mak yin ither in the baund.

For whiles he blew an nae notes sang
Tho cheeks war round an face wis reid,
An whiles he blared owre loud, owre lang
In onie key his fancy gied;
He niver kent a shairp frae flat
Or aiblins thocht them spats o clairt;
His hairns war but a waefu clat
That jimp wis steered by music's airt.

But whan thon lest gret fanfare peals
Throu the apocalyptic sky
An twa lest three-pace rows fleg deils
Frae heaven's baundsmen mairchin by,
When aa leal legions shaw a shank
Tae daunton hell's wild fowk ablow,
Then Rab will hae an outside rank
An blaw his tuba like a *pro*.

An whan the Ayebaundsergeant nods
Tae Gabriel for a double-chap
An *Judgement Day*, that mairch o God's,
Ends wi a cadenced thunner-clap,
He'll lay his bass wi honour doun,
Tak up the douce seraphic hairp,
Redd up his braw angelic croun
An ken at lang lenth flat frae shairp.

2. A Baundsman's Prayer

Aamichty Laird o Hairmonie
Wha dichts the tunin o the spheres,
Think no I've sair negleckit Thee
Throughout ma span o years—
Think ainly I've no selfish fasht
Wi ma wee waes Thy muckle pouers
An, for that I've no deaved or snasht
Thee, grant me nou ma prayer.

Gin there's some truth in aa men say
Anent Thy ploys for human state
An aa the deid on Judgement Day
Upstaund tae learn their fate
An gin ye bid a trumpet caa
Tae wauk the warld frae apathy
An gin yin player play it aa—
O lat it no be Jock

If Alex plays tae rouse ma banes
Wi mellow tone baith true an sweet,
I'll blithe jump up an mak nae manes,
Whate'er betide, no greet:
But if Thou giest the solo line
Tae Jock, then dinna gar me hear
But damn me quick, tae Hell consign
Afore the graund finale.

Great Baund Conductor, aiblins Thou
In equity must gar him play,
Yince in this universe allou
Him audience, each dug his day—
Gin thon's Thy wey tae punish aa
Mankind, then mak Thy fanfare brief
In clemency or gar him blaw
It *pianissimo*.

For, Laird, remember on that day
The deif will hae their lugs unstapt—
Hou wullt Thou luik tae them if they
Be newly deaved by noise inapt,
By sair cacophony dismayed
That is Thy will? Dear Laird, be wice
An lat thon trumpet be weel played
By yin that's musical.

Or if, by miracle divine,
Thou dost belated skeel confer
On him that his vibrato dwine
An tone improve, lat him no err
In pitch; rehearse him hard an lang
That he split no the hiemaist notes
Or mute him that the angels' sang
Be not in discord drount.

I'll be dunfounert quite if Thou
Canst solo player mak o him,
If Thy creative skeel can stow
Him wi technique (gin that's Thy whim):
I doubt Thou art a gambler, sae
I'll wager ma immortal soul
Thou niver canst teach him tae play
Wi virtuosity.

Hamethochts

Braid Scotland haes nae peer the warld's lenth lang,
For bonny ben or glen, for burn or sea,
Wide lochs an straths, laich park an shieling hie,
The lanesome muir an dinsome cities thrang;
For thesaury o pipe an dance an sang,
For wale o words an flouer o poesie,
Vieve checkit cleidin an proud history,
Themed heritage aa ither lands tae dang;
The pent-braw hames new made frae tume mills black,
The pitheid gear raired rustin tae the lift,
The wharves drained dry o ships whaur nae graiths bang,
The idle fowk made veicious by wark's lack
Twined o a hame or thirled tae debt or thrift:
Braid Scotland haes nae peer the warld's lenth lang.

Granny

Hech, shove me aff a bus!
Granny's winnin her aits.
A braw douce mon, the breed
Ye'd like for your faither,
Or your white-heidit lad.
An we're aa in a lowe
Sin he sorts wi us weel—
Friens, bairns an neichbour wichts—
Giein haund an fair words.
Ma an Pa dinna mind,
For we're aa stookie sancts,
An Granny's in heaven…

But coud she no just keep
The smirk aff her gizz?

Kenny's Carline

Kenny haes a wife wi a torn-clout face,
A bottle-blonde carline wi a dour, hard ee,
A skrank shilpit wumman wi ticht pinched claes,
A fag-mingin hairpy wi cleuk-tipt nieves.

Mell-heidit Kenny slounges douce-like ahint
As she stotters on heels sax inches hie,
Stinkin like an ash-tray, wi reek-raddled luik,
Aulder than her age by a score o years.

Jimp round her hurdies clings her wee short skirt,
Her craw-bogle legs flauntin gallusly,
Hair til her shouther like her ain grandbairn
An ee-winkers stith as bleck pairk pailins.

A reuch rank wife wi a coorse crabbit air—
But ae grace she haes gies her gizz the lee,
Ae thing bonny an past ordinar sweet:
That's her vyce like a hinnie-braw sang.

For Cathal
mo sheanchara in Éirinn

Wae's me! The weemin o Ireland
    are aa gane gyte—
Sin leeberation dawed they yaise
    the men like shite.

Nae mair they'll thole the tyranny
    o keichin wark
An bide at hame tae ranter socks
    or sew a sark.

Nae mair they'll heavy-fittit tread
    their best years throu,
Raisin twal or thirteen weans wi
    bairn-bed aye fou.

Nae mair they'll dae your biddin
    mim as a doo
Or gawk in adoration whan
    ye ope your mou.

The guidman's vyce they hear wi scorn
    or pey nae heed,
For like as no the weeminfowk
    nou win the breid.

They choose their ridin time an eke
    hae grip of cash,
Wi law tae back them gin ye ding
    wi neive or lash.

Whan hie kings reigned they niver bore
    a guidman's name
An nou equaility's the rule
    they dae the same.

Nae mair their legs are kirtle-bund
    but, happed in breeks,
They dae the wark o ony mon
    nae fash, nae heiks.

But there's yin job they canna dae
    athoot men's help
An that's tae replicate the race,
    tae cleck a whelp.

Sae whan their studs are cut tae yin
    for trift's dae-weel,
They'll aiblins wale ye out tae be
    that lucky chiel.

But if, forfochten sair, ye fail
    tae stey the pace,
Ne'er fash your heid—a primed syringe
    can tak your place.

The Grocer's Dochter

The Grocer's Dochter o Grantham
A wicked wife wis she
Wha set the Gowden Cauf up
For aa the fowk tae pree.

The rich fowk gat the gowden hide,
Gorged maet till they war fou;
The puir fowk won the tumit plate,
The scrapins an the Broo.

An nou her sons an dochters
Hae bairnies o their ain
Wha'd haud the Gowden Cauf in fee
An gie a taste tae nane.

Feelins

Fower Sangs for an Umquhile Teenager

1. Daunderin Cits

In bairnheid whan the warld wis young,
Whan niver cloud made dreich the lift,
The buses gaed tae magic airts,
Tae kintras hechtin glamour's fill
O muirlan scent an tweetlin bird,
O pirlin burn an grushie flouers,
Lang days o douce unsheddied ploys
In elfin lands wi ferlie names—
In Broomhouse, Muirhouse, Sillerknowes.

But whan carnaptious teenage years
Frae sicht o parents freedom gied
Tae ride thae buses tae the wilds
O flouerless peth an broken tree,
O deavin lubbard, glaury gress,
Lang drifts o litter, spartit shards,
Fylt sheuchs an concrete waas, I kent
That buses tuik the deilward road
Tae Broomhouse, Muirhouse, Sillerknowes.

2. Stairheid Critics

We laucht,
At lawfowk, auld fowk, donnert, cruikit,
For aa oor liths war strecht an gleg.
An tho we kicked nae dug tae daith
Nor gaed tae wrack, tae harry, sneck—
We tramped on peety.

We laucht,
Sin peety wis for far-aff fowk,
For Africa, for Vietnam,
An though we mairched wi banners bricht
For human richts in outlan airts,
We girned at neibours.

3. Couthy Chiels

We hae daured muckle, fere,
ere we war wice
tae wanwit's vyce
An souped the ferlies frae oor een
Tae graw hail fowk athin oor banes.

Thae sins that war sae radge
an mettlefu
are sakeless nou,
Sin we war no frae gallus scaff
Wha tint the warld for lichtsomeness.

Some smeddum foresicht cried
haud tae the spate,
gart dissipate
Nae bluid on ails, nae willyart act
Gart mete tae flesh life-rent o rue.

We hae been seilfu, fere,
no tae hae seen
the micht-hae-been
Had thon first fag been heroin,
Thon first kiss hochmagandy.

4. Rantin Fou

Nicht reived the hindmaist leams fou suin
Tae cuil the lowe o souple veins,
An hardy godheid in oor bouk
Played whillywha tae oor bairn brains.

An timorsome day cam sleekit ben
Thon nicht we wearied out the muin
Tae pree oor firstbluid midnicht dram
An drink the graylicht dewfaa doun.

For I tae had ma wee bit hour
Whan aa this planet bowkin-fou
Birled tapsalteerie ower the sterns
Tae lat the sun sheen on ma brou.

Muinhairst

Here whaur chestnuts leam frae pricky huils
Wanlit o muinbeams, whaur bats tove an birl
Bleck-spartit ower the lift, whaur the cauld air
Haes the clean gust o winter on its lips
Tae make wi yellae leaves an dockit days—
Here we socht in hairst oor simmer's luve.

White-wamed, a heel-tramped staund o puddock-stuils
Tells o oor tryst here whaur the soffin pirl
Fleeches nits aff beech trees; knar-holes snare
The driftin leaves an flushes eik up dips
O tyre-scaurs gowden lit in heidlamp rays
Whaur we rued in hairst oor simmer's luve.

Whaur loam is made o yesteryear's leaf-muils,
Whaur brammles scart an nettles stang, whaur dirl
The waffin brainches an the rowans ware
Their store o roddens, challenging reid hips
For plenty, a late-moupin mappie strays
Whaur we tint in hairst oor simmer's luve.

Here whaur the eemock heests an shellback smuils
Amang the strachlin quicken, whaur the swirl
O fluid-tide spits saut bree, whaur lippers tear
The sands, whaur waves curmur an smaa wind whips
Faem throu the trees, whaur earth an sea confaise—
Here we cursed in hairst oor simmer's luve.

Whit hairst wis here? The ill-spak talk o fuils,
Tume as the Coke-cans in the sheuch, the skirl
O grief wafft doun the wind, a fruitless share
O kisses frail as dew; deid filter-tips
Are missawn voos an like blawn paper gaes
A broken saul doomed by oor simmer's luve.

Luve Sang

As rime liggs day-lang in a norward swire
Whaur blinks nae sun alang the frozen heuch
But thawless niver saftens intae mire,
Sae lests ma luve.

As snaw crusts jeel upon the upland sheuch
Whaur winter licht melts wi nae warmin skime
The ice aneath that smuirs the watter's souch,
Sae thole I luve.

An cauld as snaw, sharp-hertit as the rime
That nips an cuns no sun nor muithy day
But liggs airn-stith ayont the gloamin time,
Ye scorn ma luve.

Lest Luve

Ye gied nae flouers, nae plichtin ring,
Nae luve-sweet letters sent me,
Nae trysts, nae treats, nae ploys gart bring
Whan I wis ane an twenty.

Ye hained nae pock-neuk photograph
Tae caa ma face in thocht,
Nor buit tae be ma tairge an staff
Throu waes by wanchance wrocht.

Nae treasure made ye o a flaucht
O ma unlyart hair,
Nor in romantic words said aucht
In praise o features fair.

In ma bricht ee ye niver saw
Your eemage, ma reid lips
Ye left unkist, held no in awe
Ma ilk word as cantrips.

Ye ettled no ma bairns tae sire
Afore eild made me yeld,
Nae feelin had o passion fire
Whan brawtith in me melled.

Why seek ye owerlate a hert
Forjeskit, whan success
Lew warm can but the dribs impairt
O dounhill happiness?

Eild

Whan lithe ma limbs nae mair shall bend
In sairless ease, whan auld-ails send
Bane-stabbin twangs tae mak an end
O soupleness,
Me lat hie-thinkin yet forfend
Frae crabbitness.

Whan deif ma lugs nae words shall hear
Wi shairpness, whan nae speech souns clear
Or maks strange sense tae ma slaw ear
Lat me no shout;
If fowk seem mute, lat me be sweir
Tae blether out.

Whan dim ma een shall blear an pink
Wi wallit sicht, whan bricht hues shrink
Tae haary grey, lat me no think
It ithers' wyte
But gie me grace, nor lat me sink
Tae girn or flyte.

An tho ma ploys tae dreichness dwine,
Wi nairra thochts o self decline
Tae wershness, lat nae manes o mine
Drive friens awa,
Nor ma tint glories suin an syne
Young ithers staw.

Lat daith be swift, nae clot or stroke
Hauf-murderin leave ma squalid bouk
Cradlin for life's lest sick joke
Ma still-warm saul
Whiles ma dumb senses birrless bruik
The lang hours' crawl.

Deid Sang

Kist-cauld in a chokit lair
O auld-deid kinsfowk kinless lang
Sin nane treids there,
Nae murnin feet there gang
On prayer-saft pace;

Corp-cauld on a leck o stane,
Stiff-happit in a shroud o frost
That willna wane
Because the wind's ill blast
Skaurs ilka place;

Deid-cauld in the winter airt
Whaur mirklie lurk weet puddock stanes
An fogs upstert
Amang the maukie banes
In yird's embrace;

Ice-cauld whaur nor life nor deid
Gars bluid or brain shaw fidge or jink
But blecks the seed
Afore the spring can prink
The green warld's face;

Prison-cauld whaur bienless eild
Unchancie brings its lanesome wae,
Than deid waur bield,
Sin ail an doitin spae
Nae lykelie grace.

Gowk Tide

Gowk tide is come an willyart buds
Bauld-heidit tak the wind in fecht,
Unrunklin flouers frae steekit neives
Tae brag in the blast's cuttled teeth.

Gowk sang wide waukens aa the wuids
Tae wiles o changeling eggs wha hecht
A fair-shelled clockin, an new leaves
Hing out the foster gorbel's wreath.

Gowk ploys are furthie, cleckin oot
In green-bay growth frae shell-smuith skulls,
Nae outland gets but hamely born,
Slee schemin for a nest unshared.

An gowk notes towt the misgrown fruit
O peety, mock the bruckle huills
An mankit seed o luve, wi scorn
O mercy leave nae chick unspared.

Simmer's Lease

August bees in the aa-heal
Bizz o simmer's bygaein,
Hainin in swelled hinnie bags
The smeddum gowd o growth.
Lupins that hae liftward lowpt
In gemstane glamour, green
Tae peacod plumpness, spaein
The rot efter the routh.

Reid clocks in the roses hunt,
Reivin greenflees gross o sap
Frae leafy cunzies, feastin
Fat on their raffie spreath.
Bleck abuin on the lum heid
Tho nae haar beards the blae,
The pawkie storm cock sings
Fou throat o simmer's daith.

Notes

"The Lang Wife o Drams", p. 5, l. 6: Jenners is the auldest depairtment store in Edinburgh, nou owned by House o Fraser, an yince kent as "The Harrods of the North".

"The Makar Lad", p. 11, l. 12: the Luckenbooths war lockit shops, a tenement biggin neist tae St Giles Kirk, Edinburgh, maistly dang doun in 1802 an awa aathegither in 1817.

"Mindin Bob", p. 21, l. 4: An *English* or imperial *pint* is a third o a Scots pint.

"Mistress Watt's Baudrons", p. 28: No muckle anent fowk, but it wis the erst sang I scrieved in Scots.

"King Alisaunder's Ride", p. 32: Alexander III tummelt ower the cleuch at Kinghorn in 1286 an left the kintra tae civil war athoot a strang heir tae the throne.

"The Yowes o Holyrood", p. 42: No richtly a fasherie for the plants in Holyrood Pairk nou the sheep dinna eat them. Sheep war taen aff Arthur's Seat in 1977. Afore that ma faither wad gaither their drappins for pittin on a frien's camellia.

"The Musselburgh Shibboleth", p. 54: An unattested custom whilk deed oot in the nineteenth century.

p. 54. l. 8: Auldearn < *Allt Èireann* 'Stream o Ireland';
Atholl < *Athall* < *Athfhotla* < 'New Ireland';
Banff = *Banbh* 'Ireland';
Argyll = *Earra-Ghàidheal* 'Boundary o the Gaels'.

"Baundstaund Blaes", p. 64, l. 2: Tubas, kent in baunds as basses, come either as E♭ or B♭ instruments. B♭s are bigger nor E♭s.

p. 64, l. 21: Them that haesna played in a mairchin baund will likely no ken that the bass drum gies the signal for stairtin a mairch, whilk is *twa three-pace rolls* (three drum beats, repeated).

p. 64, l. 25: It is an honour tae mairch in the *ootside rank* o a baund.

p. 65, l. 1: The *Baundsergeant* is the mon wha gies word tae the drummers for stairtin an stoppin the music.

p. 65, l. 2: A *double-chap* on the bass drum gies the signal tae stop playin.

"Daunderin Cits", p. 70, ll. 11, 18: Broomhouse, Muirhouse, an Sillerknowes are suburbs o Edinburgh.

Anent the makar

Elaine Morton haes been scrievin aff an on for the feck o her life. Her daft days war misspent in lair o leids an music. She erst stertit scrievin hailly in Scots in 1998, muived tae it by the rich idiolects o friens in West Lothian an efter in East Lothian. She is, for instance, aye thankfu tae the chiel wha judged a photie-feenish atween twa rival dauncers wi the words "Ye'se are that close a pail o watter wadna pairt ye." Mair dacent influences cam frae John Galt, Robert Louis Stevenson, an Hugh MacDiarmid. A muckle guddle o unfurthset scrievins awaits fowk tae come, or the council cowp.

www.ingramcontent.com/pod-product-compliance
Lightning Source LLC
LaVergne TN
LVHW011429080426
835512LV00005B/333